**WITHDRAWN**

SPA J 796.334 PETERSON
Peterson, Megan Cooley
Equipos de futbol del mundo

En la cancha

# EQUIPOS DE FÚTBOL DEL MUNDO

MEGAN COOLEY PETERSON

Black Rabbit Books

ROCKFORD PUBLIC LIBRARY

Bolt es una publicación de Black Rabbit Books
P.O. Box 3263, Mankato, Minnesota, 56002.
www.blackrabbitbooks.com
Copyright © 2018 Black Rabbit Books

Marysa Storm, editora; Michael Sellner,
diseñadora; Omay Ayres, investigación fotográfica
Traducción de Victory Productions, www.victoryprd.com

Todos los derechos reservados. Prohibida la reproducción, almacenamiento en base de datos o transmisión por cualquier método o formato electrónico, mecánico o fotostático, de grabación o de cualquier otro tipo sin el permiso por escrito de la editorial.

Información del Catálogo de publicaciones de la Biblioteca del Congreso
ISBN 978-1-68072-569-8 (library binding)

Impreso en los Estados Unidos de América. 11/19

**Créditos de las imágenes**
Alamy: Action Plus Sports Images, 22 (superior); DPA Picture Alliance, 18–19; epa European pressphoto agency / bv, 15 (superior); John Green / Cal Sport Media, 15 (inferior); Mark Eite / Aflo Co. Ltd., 1, 12, Contraportada; Michael Weber / imageBROKER, 13 (equipo); Peter Schatz, 10; Roger Bacon, 9; Steven Jones, 14; ZUMA Press, Inc., 4–5; Getty Images: Gonzalo Arroyo Moreno, Portada; Manuel Blondeau, 16; Stuart Franklin – FIFA, 28; Shutterstock: Eugene Onischenko, 26–27; gst, 13 (balón); Krivosheev Vitaly, 3, 21 (imagen de fondo), 22 (inferior); SSSCCC, 31; Vectomart, 6–7 (balón), 18, 21 (balones), 26–27 (balones), 32; USA Today Sports, Anne-Marie Sorvin, 21 (jugadores); CSPA, 25

Se ha hecho todo esfuerzo posible para establecer contacto con los titulares de los derechos de autor del material reproducido en este libro. Cualquier omisión será rectificada en impresiones posteriores previo aviso a la editorial.

# Contenido

**CAPÍTULO 1**
Trabajo en equipo.........5

**CAPÍTULO 2**
Equipos de los clubes.....8

**CAPÍTULO 3**
Selecciones nacionales...28

**Glosario** . . . . . . . . . . . . . . . . . . 30
**Índice.** . . . . . . . . . . . . . . . . . . . .32

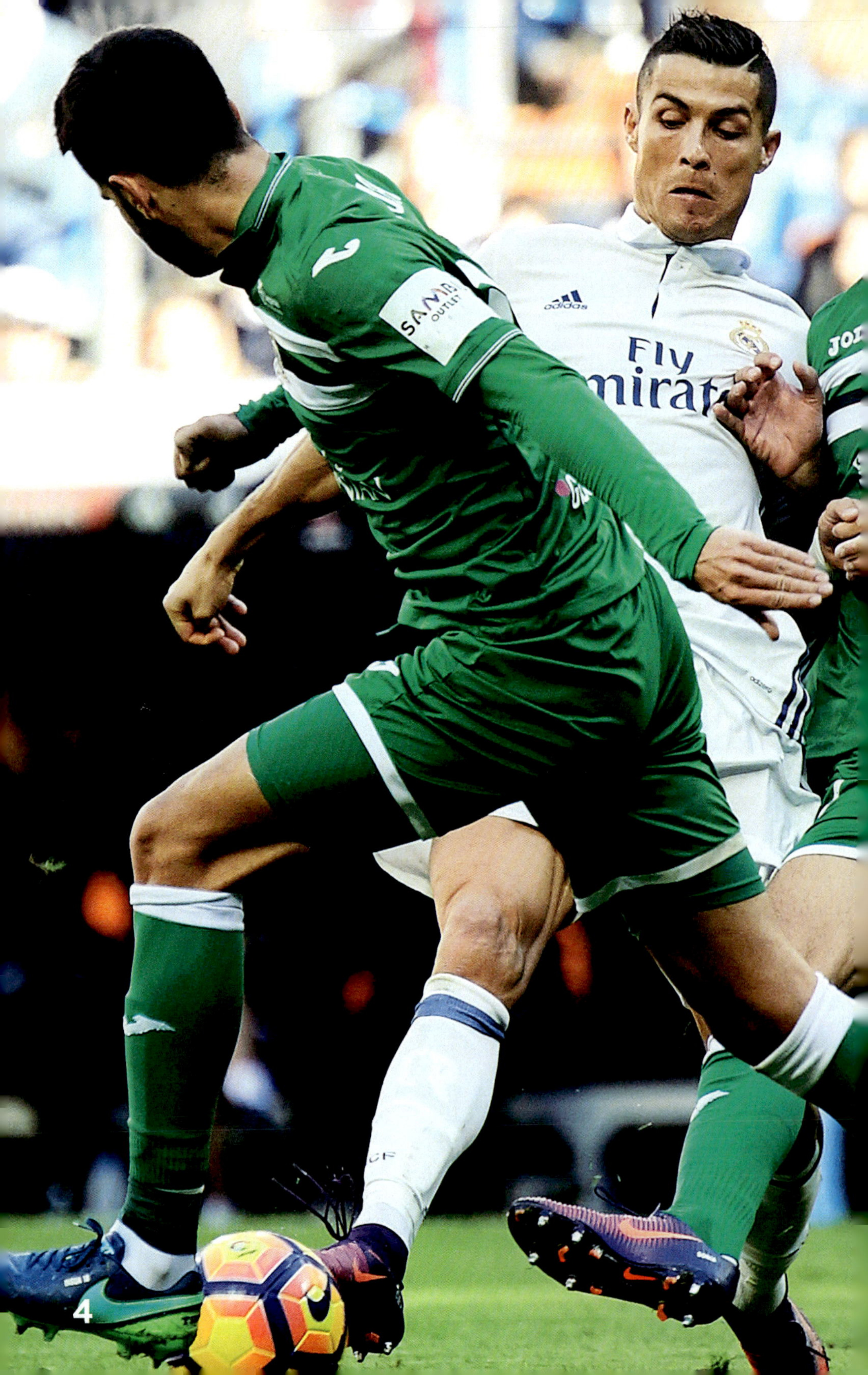
adidas
Fly

**CAPÍTULO 1**

# Trabajo en equipo

Los **delanteros** marcan goles rápidos como rayos. Los **defensores** roban el balón. Los guardametas se lanzan de cabeza para detener los goles. Los aficionados aplauden con entusiasmo.

Los equipos de fútbol enorgullecen a sus aficionados. Echa un vistazo a algunos de los equipos populares del mundo.

# FÚTBOL MUNDIAL

Las **confederaciones** supervisan el fútbol en diferentes partes del mundo.

**CAF**
Confederación Africana de Fútbol

**CONCACAF**
Confederación de Fútbol Asociación de Norteamérica, Centroamérica y el Caribe

**CONMEBOL**
Confederación Sudamericana de Fútbol

**UEFA**
Unión de Federaciones Europeas de Fútbol

**OFC**
Confederación de Fútbol de Oceanía

**AFC**
Confederación Asiática de Fútbol

# CAPÍTULO 2

## Equipos de los clubes

Los equipos de los clubes compiten en **ligas**. Cada liga tiene muchos equipos.

### Arsenal
**Liga: Premier League, Inglaterra**

El Arsenal es un equipo masculino famoso. Del 2003 al 2004, jugó 49 partidos de la liga sin perder. Este número es un récord para los equipos ingleses.

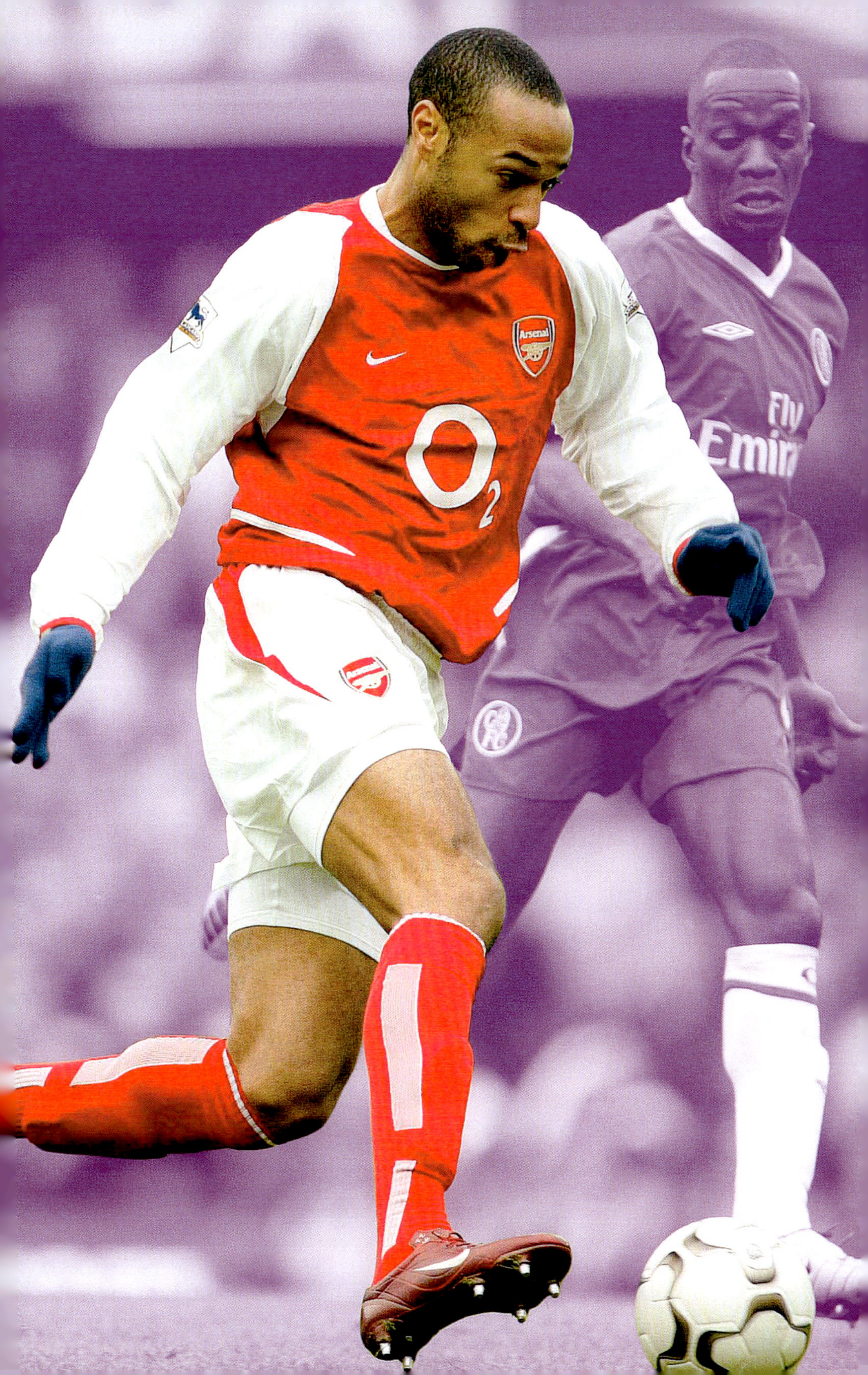
Arsenal
O2
Fly

# VALOR DE LOS EQUIPOS
hasta el 2016

Real Madrid
Barcelona
Manchester United
Bayern Munich
Arsenal

millardos de dólares   $0     $1.

# Real Madrid
## Liga: La Liga, España

La **FIFA** nombró al Real Madrid como el mejor club del siglo XX. Esto no es una sorpresa. El equipo ha ganado 11 campeonatos.

La Liga de Campeones de la UEFA es la mayor competencia de clubes. Los ganadores reciben el trofeo de la Liga de Campeones.

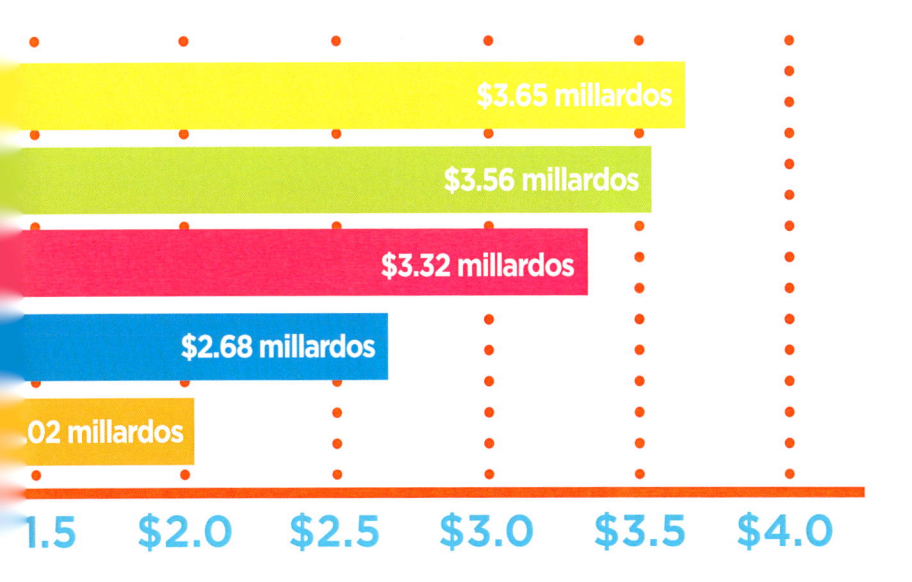

| | |
|---|---|
| $3.65 millardos | |
| $3.56 millardos | |
| $3.32 millardos | |
| $2.68 millardos | |
| .02 millardos | |

$1.5   $2.0   $2.5   $3.0   $3.5   $4.0

## FFC Frankfurt

**Liga: Bundesliga femenina, Alemania**

El FFC Frankfurt es un equipo fuerte. Las jugadoras tienen una gran habilidad con el balón. El equipo tiene una portería excelente. Tiene cuatro trofeos de la Liga de Campeones. Este número es mayor que el de cualquier otro equipo femenino.

## Bayern Munich
### Liga: Bundesliga masculina, Alemania

El Bayern Múnich es uno de los clubes más populares de Alemania. En la temporada 2012–2013, el equipo obtuvo un **triplete**. Ganó la liga, la Copa Alemana y la Liga de Campeones.

## Victorias en la Liga de Campeones
hasta el 2016

Real Madrid
11

Milán
7

Barcelona
5

Bayern Múnich
5

Liverpool
5

Ajax
4

FFC Frankfurt
4

# Chelsea
## Liga: Premier League, Inglaterra

En el 2012, el Chelsea le ganó a Bayern Múnich 4–3. Esta victoria ocurrió durante una **tanda de penales**. Fue el primer trofeo de la Liga de Campeones que obtuvo este equipo. El equipo también tiene cuatro títulos de la Premier League.

En Estados Unidos le dicen *soccer* al fútbol. Al terreno de juego también lo llaman cancha.

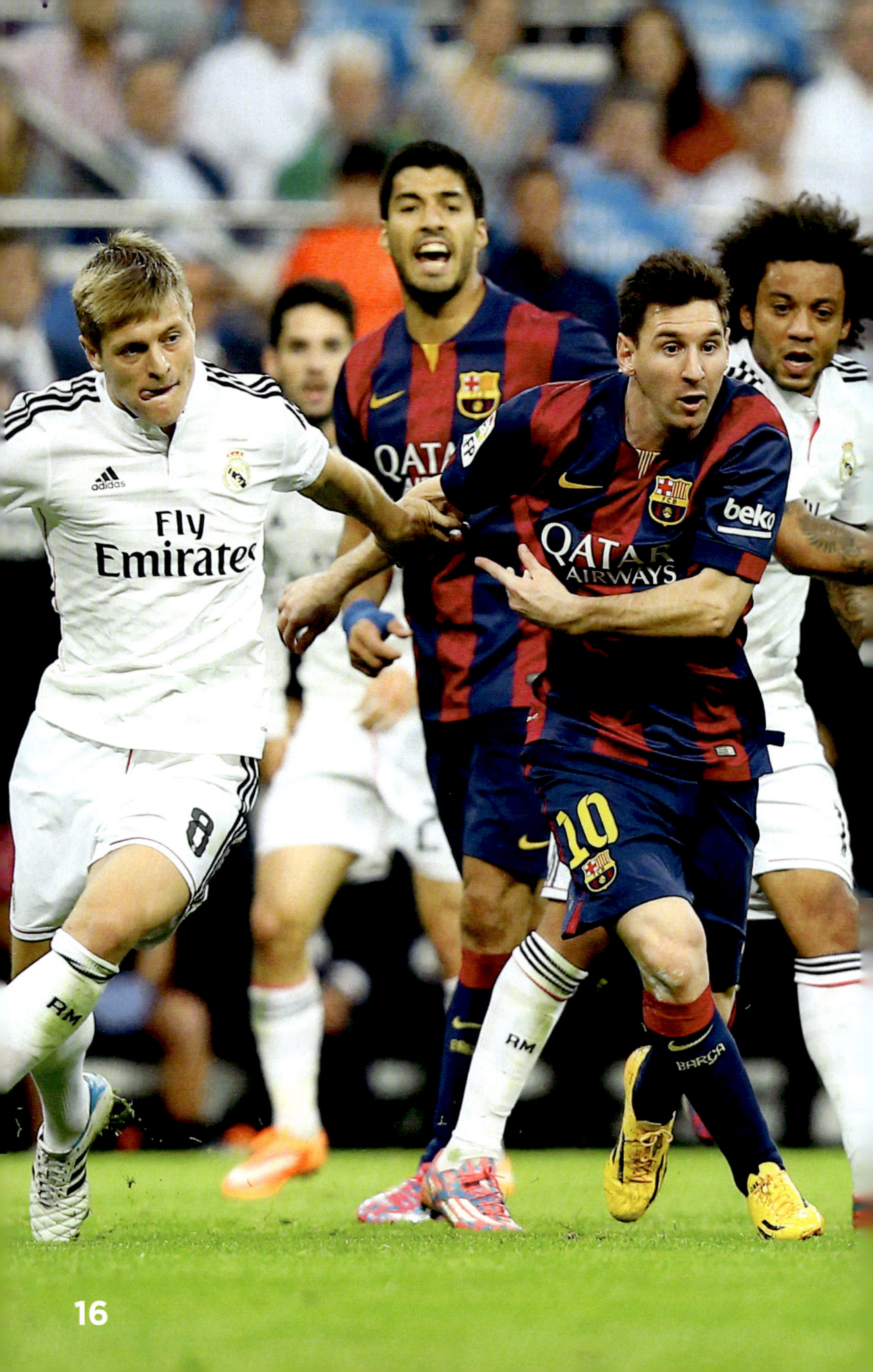
adidas
Fly
Emirates
QATAR
AIRWAYS
beko
10
RM

# Barcelona
## Liga: La Liga, España

El Barcelona tiene una defensa fuerte. Detiene muchos goles. El estilo de juego del equipo es efectivo. Ha ganado cuatro trofeos de la Liga de Campeones.

El Barcelona y el Real Madrid son **rivales**. Los partidos entre ellos son eventos importantes.

# Equipos de los clubes

Se forma el Barcelona.

Se forma el Chelsea.

1899

1886

1905

1900

1902

Se forma el Arsenal.

Se forma el Bayern Múnich.

Se forma el Real Madrid.

18

**Bayern Múnich gana su quinto trofeo de la Liga de Campeones.**

**Barcelona gana su primer trofeo de la Liga de Campeones.**

**Real Madrid gana su 11.º trofeo de la Liga de Campeones.**

● 1992

● 1998

● 2013

● 2015

● 2016

**Se forma el FFC Frankfurt.**

**Barcelona gana su quinto trofeo de la Liga de Campeones. FFC Frankfurt se lleva su cuarto trofeo de la Liga de Campeones.**

**Real Madrid gana su primer trofeo de la Liga de Campeones.**

19

## CAPÍTULO 3

# Las selecciones nacionales

Las selecciones nacionales compiten por la Copa Mundial. La Copa es el mayor premio de fútbol. Cada país tiene una selección nacional. Hay una Copa Mundial para hombres y una para mujeres.

### Italia

El equipo masculino italiano ha jugado bien en la Copa Mundial. Italia fue el primer equipo europeo que la ganó. Era la Copa Mundial de 1934. Desde entonces, ha ganado tres veces más.

# LAS RACHAS GANADORAS MÁS LARGAS EN PARTIDOS INTERNACIONALES

|  |  |  |
|---|---|---|
| Estados Unidos (mujeres) | 42 partidos | 2012–2014 |
| España (hombres) | 35 partidos | 2007–2009 |
| Brasil (hombres) | 35 partidos | 1993–1996 |
| Argentina (hombres) | 31 partidos | 1991–1993 |
| Francia (hombres) | 30 partidos | 1994–1996 |
| Italia (hombres) | 30 partidos | 1935–1939 |

El equipo femenino de Estados Unidos también domina en las Olimpiadas. Ha ganado la medalla de oro cuatro veces. Se llevó el oro en 1996, 2004, 2008 y 2012.

## Estados Unidos

Durante años, las mujeres no pudieron jugar en la Copa Mundial. La primera Copa Mundial femenina se celebró en 1991. Estados Unidos ganó. Venció a Noruega 2–1.

El equipo femenino estadounidense se ha vuelto poderoso. Las jugadoras desarman las defensas. Ellas juegan bien bajo presión.

## Alemania

Alemania tiene selecciones nacionales talentosas. La selección femenina ganó la Copa Mundial dos veces. Ganaron en el 2003 y en el 2007.

La selección masculina tiene cuatro títulos. Hay mucho talento joven en estos equipos. Los jugadores experimentados también ayudan a ganar.

25

# LOS TRES MÁXIMOS GANADORES DE LA COPA MUNDIAL MASCULINA Y FEMENINA

hasta el 2016

**Brasil** (equipo masculino) — años que ganó: 1958

**Alemania** (equipo masculino) — años que ganó: 1954

**Italia** (equipo masculino)) — años que ganó: 1934

**Estados Unidos** (equipo femenino) — años que ganó: 1991

**Alemania** (equipo femenino) — años que ganó: 2003

**Noruega** (equipo femenino) — años que ganó: 1995

**Japón** (equipo femenino) — años que ganó: 2011

26

| | | | | |
|---|---|---|---|---|
| 1962 | 1970 | 1994 | 2002 | **5** |
| 1974 | 1990 | 2014 | | **4** |
| 1938 | 1982 | 2006 | | **4** |
| 1999 | 2015 | | | **3** |
| 2007 | | | | **2** |

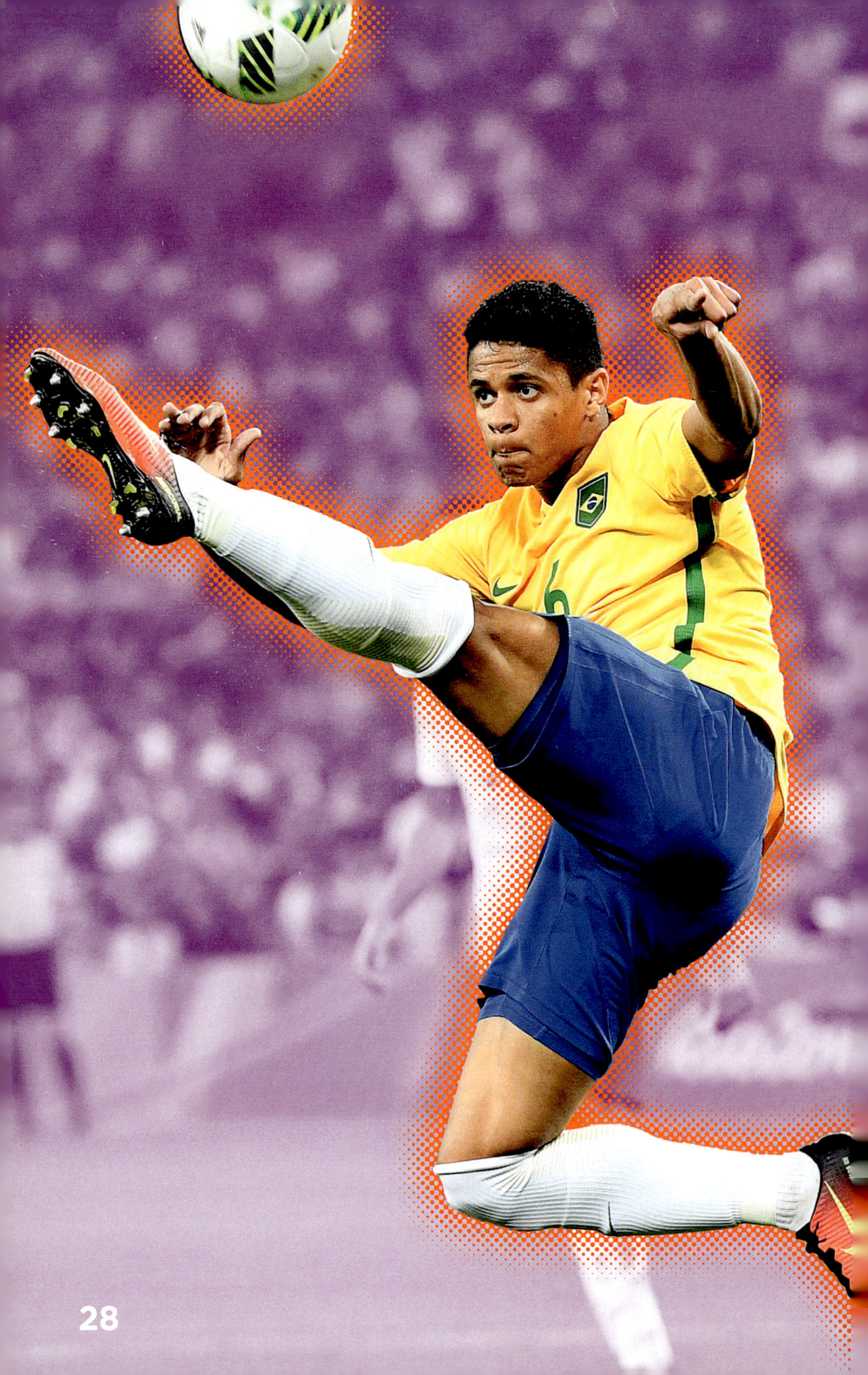

## Brasil

La selección masculina de Brasil tal vez sea la mejor. Ha ganado cinco Copas Mundiales. Eso es más que cualquier otro equipo. Ha jugado en todos los torneos de la Copa Mundial. Es el único equipo que lo ha hecho.

Los mejores equipos de fútbol establecen récords. Entretienen a millones de aficionados. ¿A cuál equipo vas tú?

# GLOSARIO

**confederación** —grupo de equipos de fútbol que ayuda a organizar torneos

**defensor** —jugador que trata de impedir que el otro equipo marque goles

**delantero**—jugador de fútbol cuyo trabajo principal es llevar el balón hacia la meta del equipo contrario y tratar de anotar un gol

**FIFA** —Federación Internacional de Fútbol Asociación; la FIFA controla el fútbol a nivel mundial

**liga** —grupo de equipos deportivos que juegan unos contra los otros

**penal** —castigo por romper las reglas; también llamado penalti

**rival** —alguien que compite por lo mismo que compite otra persona

**tanda de penales** —método para romper el empate en un juego al final del sobretiempo

**torneo** —serie de partidos entre varios equipos, que termina con un ganador

**triplete** —anar un título de la liga, una copa nacional importante, y la Liga de Campeones en una misma temporada

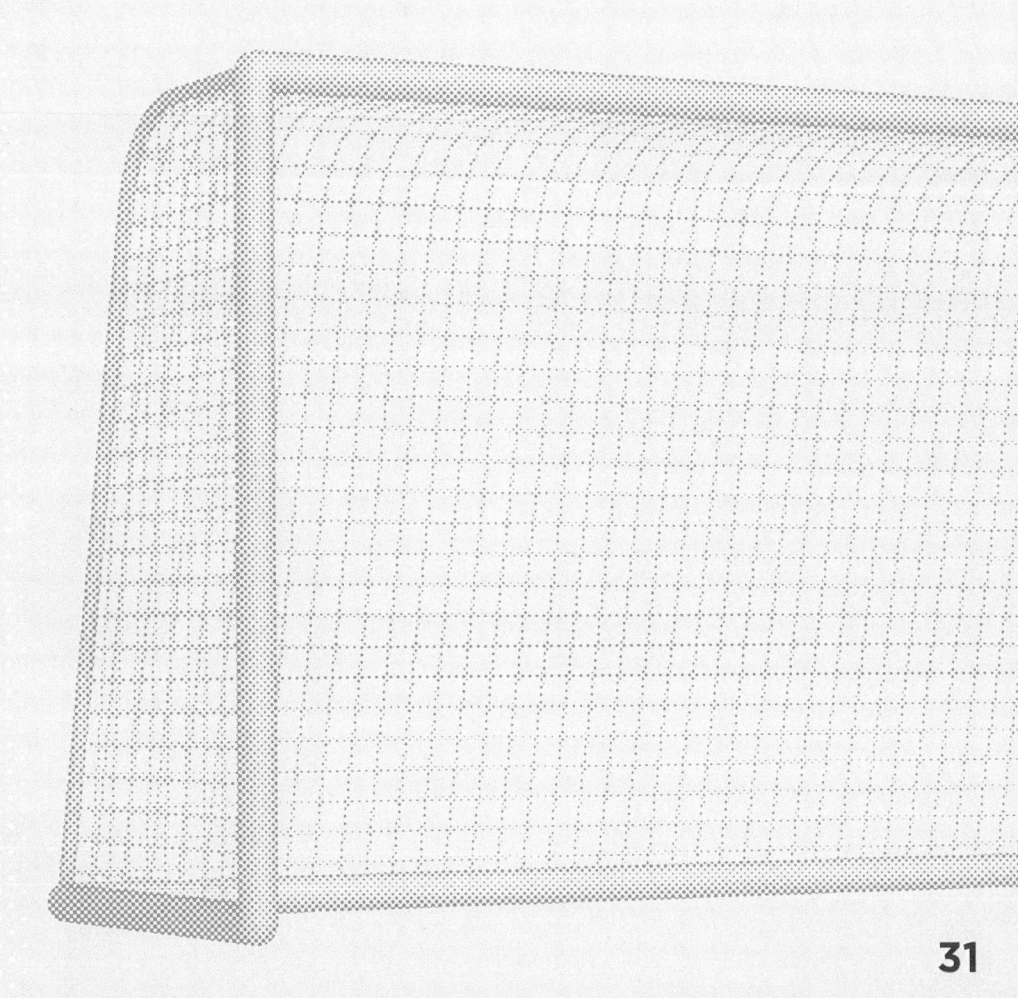

# ÍNDICE

## A
Arsenal, 8, 10–11, 18

## B
Barcelona, 10–11, 13, 17, 18–19

Bayern Múnich, 10–11, 13, 14, 18–19

## C
Chelsea, 14, 18

## F
FFC Frankfurt, 12, 13, 19

## M
Manchester United, 10–11

## N
Selecciones nacionales

Alemania (femenina), 24, 26–27

Alemania (masculina), 24, 26–27

Brasil (masculina), 21, 26–27, 29

Estados Unidos (femenina), 21, 22–23, 26–27

Italia (masculina), 20, 21, 26–27

## R
Real Madrid, 10–11, 13, 17, 18–19